AF509266

LE SOLDAT

LE PRÊTRE

DEVANT L'URNE ÉLECTORALE

PAR

ÉDOUARD HOUDAYER.

Prix : 30 Centimes.

SE TROUVE A PARIS, CHEZ GOUZIEN

RUE DU CROISSANT, 21

A PÉRIGUEUX, CHEZ CH. RASTOUIL.

LE SOLDAT

LE PRÊTRE

DEVANT L'URNE ÉLECTORALE.

Prêtres, Dominicains, Jésuites, Franciscains, moines de toute pelure, ont de nouveau déposé leur bulletin de vote dans l'urne électorale.

Le Soldat, l'homme qui demain peut-être donnera son sang, sa vie, pour nous défendre, n'a pas voté.

Quelle est donc la dissemblance qui justifie cette infériorité morale, — nous allions dire *cette flétrissure,* — imposée à l'armée ?

On nous affirme sans cesse, pourtant, que tous les Français sont citoyens et égaux devant la Loi !

Loin de nous la pensée de pousser l'armée à une revendication, peut-être hâtive, de son droit électoral. Le Soldat s'honore en acceptant courageusement une dépossession momentanée de sa qualité de citoyen. Il donne ainsi une preuve indéniable de son dévouement à la Patrie.

Mais nous estimons que les choses n'en iraient pas plus

mal si, d'une part, on rendait aux militaires le droit de vote ; si, de l'autre, par une sage et prudente mesure, on le retirait aux Jésuites, aux congréganistes et aussi au clergé.

Souvent on a comparé le Prêtre au Soldat. Les phraseurs répètent : « L'un comme l'autre, ils ont de grands « devoirs, une mission lourde, mais superbe à remplir.... ; « l'abnégation, le sacrifice, sont les vertus qu'il con- « vient de leur enseigner, et que surtout il leur faut « pratiquer. »

Nous sommes curieux vraiment d'apprendre de quel côté se trouve l'abnégation ; lequel, du Prêtre ou du Soldat, a fait un sacrifice ?

Tous les droits d'un côté, tous les devoirs de l'autre, et cela sans compensation...

Voilà ce que nous montre l'ordre actuel des choses.

Le Prêtre est citoyen dans la plus large acception des droits.

Le Soldat cesse de l'être aussi longtemps qu'il porte l'uniforme.

Pourquoi cela ?

L'un et l'autre, cependant, ont Patrie commune. S'il devait exister une supériorité, ne devrait-elle pas être acquise au dernier ?

Celui-ci a grandi sous l'œil du père qui lui a donné l'exemple et les enseignements du citoyen, en lui inspirant le respect et l'amour de la Patrie. Chaque jour il a pu apprendre quels seraient plus tard, à l'âge d'homme, ses devoirs envers son pays. — Il sait bien que cinq années de sa vie lui seront prises pour le service de cette Patrie ; que, pendant ce temps, il n'aura plus la jouissance de ses droits civiques ; qu'il lui faudra renoncer à toutes ses libertés ; mais il sait également que, de retour au foyer paternel, il rentrera dans la plénitude du plus précieux droit que nous ait rendu la sublime Révolution de 89.

Cette espérance lui conserve patience et courage. Aussi reste-t-il de cœur au milieu de ses concitoyens, et, mis par *le devoir* en dehors des luttes politiques, il en suit néanmoins les péripéties avec les battements de cœur du patriote.

Quelle compensation, cependant, reçoit-il pour ce sacrifice de cinq années de jeunesse?

L'autre, — le Prêtre, — élevé en vue d'un état qui doit lui donner Rome pour Patrie, un Pape pour maître souverain, se désintéressera bientôt de ce qui importe le plus au pays dont il n'est plus qu'un habitant. — Un ordre parti du Vatican peut l'en éloigner demain à jamais.

Jeté dans l'Église par l'ambition de sa famille, par la sienne, quelquefois par la misère, le plus souvent parce qu'il se sent impropre aux luttes de la vie, parce qu'il n'est bon à rien, ou par faiblesse de cerveau, l'aspirant théologien s'est dit que le séminaire le sauverait de la conscription, — cette première et rude épreuve que le patriotisme nous fait acceptable à nous autres. Il a compris que devant sa robe de Prêtre s'ouvriront toutes les portes, qu'il entrera, de plain-pied et l'égal de tous, dans ce grand monde qu'autrement il ne verrait que d'en bas; enfin, que, par l'Église, il pouvait monter aux plus hautes dignités.

Où est le sacrifice?... Qu'il y en ait un, si petit qu'il soit, il faut avouer que la compensation est ample.

Regardez défiler devant vous ces séminaristes aujourd'hui si nombreux. Pourquoi ces jeunes hommes n'ont-ils pas, de même que nos fils, payé au pays la dette du sang?

Quels services en attendons-nous en échange de l'immunité énorme qui les a dispensés d'être Soldats?

Nous entendions, il y a peu de jours, un artilleur disant d'eux dans son langage de caserne : « Ce sont des paysans trempés dans l'encre. »

Et c'est qu'en effet, ce sont, pour la plupart, de pauvres paysans qui, ne se sentant pas le courage de tenir un mousquet ou de pousser la charrue, ont préféré se faire tonsurer.

Comment voulez-vous qu'un clergé ainsi recruté, pour la plus grande partie, conserve les sentiments de patriotisme sans lesquels il n'y a pas de vrai citoyen?

« — Mon fils avait dix-huit ans, me contait la femme d'un brave ouvrier, je lui ait dit : — Mon garçon, arrange-toi comme tu l'entendras. Tu ne veux rien faire, engage-toi comme Soldat, si le cœur t'en dit, mais ne compte plus sur nous; il n'y a plus de pain à la maison pour toi. Je te donne huit jours pour te décider. — Au bout de la semaine, Monsieur, il revint et me dit :

« — Je veux entrer au séminaire pour me faire Prêtre! »

Parbleu! je le crois bien, c'était tout simplement la vocation de ne pas mourir de faim.

Il y en a beaucoup comme celui-là!

Avoir son existence quotidienne assurée, être libre des préoccupations de la famille, jouir de tout, sans grand travail ni efforts, n'est-ce pas là un sort vraiment très-enviable?

En dehors des luttes de la vie, car il en a fui volontairement les dangers en se retranchant dans l'Église comme dans un port d'où il nargue nos peines, le Prêtre exerce les droits civiques les plus étendus, bien que son état le dispense des charges les plus lourdes qui pèsent sur le citoyen.

Nous le demandons encore : quel sacrifice lui a valu ces priviléges ?

Comment nous persuadera-t-on, par exemple, que les Jésuites, dont le chef est à Rome, et qui ont fait serment d'être entre ses mains — « *Perinde ac cadaver*, » — aient bien à cœur la grandeur, la prospérité de la France, et surtout sa liberté ? Ce général noir qui leur commande autocratiquement est, presque toujours, étranger à notre pays ; quelle règle de conduite, quelles inspirations pensez-vous qu'il impose à ses congréganistes, le jour où il croira voir un danger pour son Ordre dans la forme de notre gouvernement ?

La véritable pierre de touche pour l'homme, c'est l'intérêt.

Or, le Prêtre, le Jésuite, les Moines de toute catégorie, ont un intérêt direct, exclusif, très-personnel, à soutenir le Pape. Toutes voies, même l'ornière parfois, leur semblent bonnes pour y arriver.

La fin ne justifie-t-elle pas les moyens ?

Un journal de l'Aube racontait dernièrement ceci :

« Dimanche, à l'église Saint-Rémy, un jeune Prêtre
« prêchait au sujet d'un pélerinage qui devait avoir lieu
« le mardi.

« Après avoir dit que la Légitimité était le seul gou-
« vernement capable de sauver Rome et la France, il

« ajoute que ceux qui s'opposaient aux efforts des con-
« servateurs étaient des scélérats et des menteurs. »

Des scélérats !..... Des menteurs !.....

N'avons-nous pas le droit d'être surpris d'un tel langage dans la bouche d'un saint homme payé pour prêcher
la concorde et la paix ?

Autre exemple :

En recevant les pélerins d'Angers, le Pape a tracé à la
France tout un programme électoral, comme si, en
vérité, notre gouvernement intérieur était de son ressort,
et que notre pays fût à lui.

« Je continue, a-t-il dit, de prier Dieu, comme je l'ai
« déjà fait dans cette journée, pour qu'il donne à tous les
« Français la force et le conseil qui leur feront choisir
« pour représentants des hommes qui, *avant toutes*
« *choses, aient en vue Dieu et son Église, et soient*
« *décidés à en défendre les droits* ; qui, ensuite, soient
« déterminés à tenir compte de l'honneur, de la dignité,
« de la grandeur de la France, des vrais intérêts de la
« Patrie, afin de travailler tous ensemble au bien de
« cette illustre nation. »

L'Église d'abord ! n'est-ce pas, ô Votre Sainteté de
Mastaï-Fereti ? — l'honneur de la France ensuite !.....
Défendre avant tout les droits de l'une..... seulement
tenir compte de l'autre..... si l'on peut !

Il y a loin de ces conseils à ceux que donnait le Christ.

Et, en ce moment même, paraît-il, il est question, au
Vatican, de proclamer *le pouvoir temporel* de la Papauté !

La chose serait incroyable si l'on ne savait que tout
est possible avec le Vatican.

Tout récemment, — et nous pourrions ajouter presque chaque jour, — on voit les prédicateurs se démener en chaire, afin d'entraîner la France dans une guerre contre l'Italie, notre alliée naturelle, notre sœur par les idées, par les aspirations, et cela pour faire rentrer leur Pape en possession d'États qu'il détenait indûment et contre le vœu du pays.

Ont-ils un instant songé aux conséquences effroyables qu'une telle guerre, insensée autant qu'inique, pouvait avoir pour notre Patrie?

Eux, qui se disent les représentants d'un Dieu de paix et de miséricorde, ont-ils reculé devant cette pensée que des milliers d'hommes allaient payer de leur sang ces ambitieuses et criminelles menées?

Allons donc! ne faut-il pas, *avant tout*, que leur Pape soit Roi!

Et pourtant, le Christ, son maître, lui a dit : « *Mon royaume n'est pas de ce monde.* »

Nous ne cesserons de le répéter : — Non! le Prêtre, le Jésuite, le Moine ne sont pas des citoyens. Ils n'ont ni patrie ni famille; ce ne sont plus des hommes dans l'acception virile du mot, car ils ont abdiqué, ils ont perdu leur libre arbitre; ils ne sont plus que les rouages de la puissante et dangereuse machine qui fonctionne au Vatican.

Les meilleurs, toujours à craindre, gardent parfois quelque chose de bon en eux; mais ils sont les dupes mises en avant, instruments dociles dans la main des intrigants, qui sont en grande majorité.

Néanmoins, tous ces hommes sont électeurs, et, sans parler de la pression occulte et odieuse exercée par eux sur les esprits faibles, ils possèdent les mêmes droits politiques que les citoyens dont le travail, l'intelligence et l'argent vivifient le Pays.

Ils votent!... Ils peuvent même briguer les plus hautes fonctions législatives, tandis que l'on a rayé de la liste électorale le militaire dont l'existence est, il est vrai, en temps de paix, une vie de mouvements sans résultats, de fatigues sans gloire, auquel on ne demande que d'être, comme le cheval de poste, toujours prêt à partir au premier claquement du fouet, mais qui, en fait, n'a point choisi son sort et ne l'accepte que par dévouement au Pays.

Est-il bon, est-il équitable que la loi donne un tel privilége à ceux qu'on a appelés : « *des parasites dans l'ordre moral*, » — et qu'on l'enlève à des hommes qui remplissent tous les devoirs du citoyen?

Nous l'avons dit : — Tous les droits d'un côté, toutes les charges de l'autre !

Que n'oblige-t-on ces jeunes garçons qui se destinent à l'Église à passer quelques années sous le drapeau, ainsi que le font nos fils? — Pourquoi n'y a-t-il point parité entre le futur médecin, le futur avocat ou l'artisan et le tonsuré futur? — Par quels achèvements utiles au pays celui-ci a-t-il mérité cette exemption de l'impôt du sang? — Qu'en attendez-vous donc dans l'avenir, que vous l'ayez exonéré ainsi d'une tâche lourde et périlleuse, quand vous prenez aux autres les plus belles années de leur jeunesse?

Il nous semble cependant que MM. les séminaristes feraient d'excellents conscrits. Chacun remarque que les *oints du Seigneur* sont, en général, puissamment et fort bien bâtis.

D'autre part, un surnumérariat dans l'armée ne pourrait que leur donner, — ou développer en eux, — les sentiments du civisme et du patriotisme. Ce serait, d'ailleurs, les remettre dans le droit commun. Peut-être, au sortir du régiment, seraient-ils moins disposés à former un État dans l'État, une classe à part et *sacro-saintement* privilégiée dans la société, et aussi moins enclins à séparer les intérêts du clergé de ceux de la Patrie.

Je m'expliquerais alors, jusqu'à un certain point, qu'on leur accordât le droit de vote, qu'on les traitât en citoyens. Ils auraient payé une de leurs dettes au pays.

Mais, encore une fois, avec l'ordre de choses existant, nous disons :

— Le Militaire n'est point électeur ; en vertu de quelle supériorité le Prêtre l'est-il ?

Si le Prêtre, si les congréganistes continuent à voter, rendez au Soldat son droit électoral.

Si vous jugez plus sage de tenir celui-ci éloigné des luttes politiques, faites que l'autre ne puisse, non plus, s'y mêler.

Ce sera justice.

Y a-t-il donc plus grand péril à faire du Soldat un électeur qu'à laisser cette arme puissante du vote aux mains d'hommes qui, de jour en jour, nous deviennent plus étrangers par leurs sentiments, par leur mode de vivre, de même que par leurs aspirations politiques ?

En 1848, l'Assemblée nationale avait compris qu'il était juste, prudent, autant que patriotique, d'apprendre, ou plutôt de rappeler à l'armée de la France que son devoir, son honneur, consistant, non point à se mettre au service de tel ou tel parti, non à être le levier du premier ambitieux venu, auquel elle servira de rampart, mais seulement à sauvegarder la gloire et l'intégrité de la Patrie ; qu'il ne lui faut jamais oublier qu'elle appartient à la France, non à un homme ; que s'inféoder à un nom, c'est un crime de lèse-Patrie, une trahison.

On est citoyen avant que d'être Soldat.

L'étranglement de notre immortelle République par Napoléon Ier semblait avoir eu d'abord pour résultat de tuer le civisme dans le cœur de ces grands lutteurs de 89 devenus, par un aveuglement de patriotisme alors presque excusable, les prétoriens du dompteur Corse.

Plus tard, les fils de nos héroïques combattants de Sambre-et-Meuse, des triomphateurs de l'Europe, se laissèrent passivement museler par les Bourbons, puis par les d'Orléans. L'armée de la France n'était plus qu'un fouet aux mille lanières entre les mains du maître, un instrument toujours prêt à frapper là où le poussaient le caprice et les ambitions.

Nous savons comment les maîtres l'ont manié.

Les souvenirs *de la Terreur blanche, de la Chambre introuvable*, cette vengeance impitoyable, sans justification honnête, d'une race royale, de princes et de prélats rentrés chez nous en croupe des cosaques, était une des grandes leçons du passé. Plus près de nous, les répressions si dures des vaillantes tentatives faites à diverses reprises pour recouvrer la liberté avaient apporté aussi leur enseignement. Nos législateurs de 1848 jugèrent que l'heure était venue d'appeler le Soldat à la vie politique, de lui enseigner que le droit des citoyens prime tous les autres, et qu'il est lui-même un citoyen.

La transition était aisée. En ce moment-là, tous les

cœurs battaient animés du même amour de la liberté, épurés par un sentiment ardent, unanime, du patriotisme le plus dévoué.

L'Assemblée décréta que l'armée jouirait désormais des droits électoraux.

Les élections se firent ; deux sous-officiers, MM. Boichot et Rattier, furent nommés représentants, sans que l'ordre le plus parfait cessât de régner parmi les troupes, sans que la discipline fût troublée.

Le gouvernement n'eut point à regretter l'acte de justice qu'il avait accompli.

Sous l'empire, l'armée prit part aux élections.

On a prétendu, à propos des deux plébiscites, que Bonaparte avait trouvé dans ses rangs un appoint important.

La vérité n'a jamais été entièrement connue à cet égard. Ce qu'on sait, c'est que les souteneurs du régime impérial, non-seulement faussèrent le scrutin, mais publièrent les relevés les plus fantaisistes.

Nous pourrions citer bon nombre de régiments où les *Non* l'emportèrent grandement sur les *Oui*, bien que l'on ait affirmé le contraire.

Les mesures de rigueur, les persécutions qui se succédèrent après le vote de 1852 en font foi.

Que l'on consulte les tables des votes comparatifs de l'armée. Au 8 mai 1870, date du second plébiscite, on verra combien, depuis 1852, les Soldats avaient délibérément marché vers la démocratie.

Ce fut sans doute cette considération qui détermina le cabinet Buffet et de Broglie à retirer aux militaires leur droit d'électeurs.

Les premiers ministres de l'*Ordre moral* se flattaient d'arrêter ainsi l'infiltration latente des aspirations libérales et démocratiques dans l'esprit des troupes.

Insensés et impuissants !... Croire qu'il soit possible de détruire l'Idée, les Vérités sociales immortelles par leur essence même, puisqu'elles éclatent engendrées par les besoins des peuples.

En 1876, le Soldat redevint une non-valeur dans la vie politique de la nation. Sa qualité de citoyen lui fut de nouveau ravie par MM. Buffet et consorts.

Au service de la République, l'armée devenait trop républicaine au gré des zélés défenseurs de Rome et de l'Ultramontanisme.

On nous dira sans doute — vieil argument creux dont le temps fera justice — on nous dira : « Qu'il y a péril pour la société à permettre aux Soldats de se mêler des élections..., que l'homogénéité de l'armée, sa discipline, sa force, en seraient amoindries. »

Nous ne saurions mieux répondre qu'en citant l'opinion d'un publiciste éminent et patriote, M. J. Claretie.

Voici ce qu'il écrit dans sa belle *Histoire de la Révolution de 1870-71* :

« Depuis le plébiscite, et notamment au début de la
« guerre, nous avons entendu bien des fois des officiers
« se plaindre de l'indiscipline de leurs Soldats causée,
« disaient-ils, par les exhortations de la presse démo-
« cratique.

« Loin de moi la pensée de dénigrer la discipline ; elle
« constitue la véritable force d'une armée, et elle n'est
« en somme qu'une forme particulière *du Devoir*, cette
« chose oubliée. L'obéissance à la discipline est, il faut

« le reconnaître, une des causes de la supériorité de
« l'armée prussienne. Cela empêche-t-il que, soumis à
« cette discipline de fer, les Allemands ne gardent leurs
« opinions personnelles et leurs pensées propres ?

« Il ne faut jamais craindre d'avoir, pour défendre un
« pays, une armée qui sait, qui raisonne et qui pense.
« Il faut redouter, au contraire, de ne s'appuyer que
« sur une armée dont le courage est peu de chose, s'il
« n'est pas doublé de la force intellectuelle et de la force
« morale.

« Ce n'était point parce que, dans les derniers temps
« de l'empire, on essaya de galvaniser l'armée et de faire
« battre le cœur du citoyen sous la capote du soldat que
« naquit l'indiscipline ; c'est, au contraire, parce que de-
« puis de longues années, dans des guerres sans moralité,
« faites avec des allures de pirates, comme au Mexique,
« ou bien encore dans la vie débilitante de la caserne,
« les soldats s'étaient habitués à ne plus voir dans l'état
« militaire qu'une charge écrasante ou un métier, et ou-
« bliaient quelle responsabilité pèse sur une armée, res-
« ponsabilité lourde et superbe, le salut de la Patrie. »

Nous nous associons de tout cœur aux nobles paroles
de M. Claretie ; avec lui, nous sommes convaincus qu'il
est moins dangereux de faire l'éducation politique des
militaires que de les laisser exposés à devenir, par igno-
rance, les instruments aveugles d'un parti, au péril de
la liberté.

Aujourd'hui, l'armée n'est pas illettrée comme autre-
fois. Les désastres amenés par l'impéritie de l'homme du
Deux-Décembre ont été une leçon cruelle, mais profita-
ble pour tous. L'armée comprend quels dangers pour la

France résulterait de son inféodation à un individu ; en un mot, elle est préparée et, quoi qu'on en dise, apte à user sagement, patriotiquement de ses droits politiques, — droits indéniables.

Que le Soldat jouisse de la somme de libertés qui lui est due, le sentiment civique se dévelopant en lui le gardera contre les mauvais entrainements.

On s'étonne parfois de l'indifférence d'un grand nombre de citoyens au moment des élections. Avez-vous songé à l'effet produit sur tant de jeunes hommes par un *absentement* de cinq années de la vie sociale, exil moral qui les a faits étrangers, en quelque sorte, à ce qui se passe dans leur propre pays?

Le Soldat rentre chez lui dompté, rompu à l'obéissance passive, irraisonnée; inhabitué à penser à la politique intérieure, aux questions sociales, aux idées progressistes, à tout ce qui engendre et conserve la prospérité de la Patrie. La connaissance et l'exercice de ses droits de citoyen constitue pour lui toute une étude à faire.

Mais il lui faut d'abord chercher à assurer son existence quotidienne; ses préoccupations n'embrasseront forcément que des intérêts personnels, exclusifs. Ce n'est que plus tard, souvent après des années, que, lésé dans ses intérêts particuliers ou remué soudain par quelque grosse crise politique, il se souvient de son devoir d'électeur.

Alors, quel admirable jouet n'est-il pas entre les mains habiles des ambitieux !

Durant cinq ans, la théorie militaire lui a dénié le droit d'avoir une opinion, comment saurait-il user consciemment de celui de raisonner son vote? Accoutumé à regarder le principe d'autorité comme indiscutable, à suivre aveuglément l'impulsion donnée, sans se rendre compte des résultats possibles de sa soumission, il obéira surtout à celui qu'il voit en place ou chamaré du plus large galon.

Qu'on y prête attention, il est dangereux de tenir l'armée trop éloignée des masses électorales. Ainsi que le disait hier un publiciste : si l'on se perd de vue trop longtemps, on est tout surpris, un beau jour, de ne plus se comprendre et de n'être plus compris.

Et nous remarquons encore un autre danger dans cette séparation si tranchée entre la population civile et l'armée.

Au lieu de voir dans le Soldat un protecteur, un garant de la sécurité publique, les citoyens se laissent trop souvent aller à le considérer comme un ami douteux, sinon comme un adversaire naturel, contre lequel il est toujours bon d'être en garde, et qu'il est imprudent d'appeler au secours. C'est que le peuple se dit qu'il suffirait d'un ordre des chefs, ordre auquel il faut obéir *sous peine de mort,* pour que ce Soldat, sorti de son sein cependant, se tourne en ennemi dangereux, impitoyable.

Ce sentiment n'est pas sain.

Comment l'effacer de l'esprit du grand nombre ?

En restituant à l'armée ses droits politiques, surtout en les lui faisant exercer, non dans les casernes, mais au sein même de nos comices. Alors, elle sera plus près de nous, pour ainsi dire ; elle vivra de notre vie sociale, et elle aimera d'autant mieux la Patrie qu'elle aura le devoir de la protéger par ses votes de même que par son épée.

Ne craignons pas qu'elle en abuse ; ayons foi en son bon sens, en son patriotisme. Comme l'a si bien dit Victor. Hugo, l'armée française n'est point faite pour commettre des crimes.

Il est peu à redouter qu'à l'exemple et à la remorque du clergé catholique, elle mette sa force au service du Vatican et du *Syllabus*. Nos soldats ont porté leur jugement sur l'injuste et déplorable expédition de Rome ; demandez-leur s'ils sont désireux d'y retourner !

Et cependant ce ne sont ni les incitations, ni les cajoleries mensongères qui font défaut.

Ce clergé, ces congréganistes, qui parlent si haut du bonheur et de l'honneur de la France, comment usent-ils des droits civiques que, si imprudemment, on leur a laissés ?

L'autre jour, le cardinal Donnet s'écriait :

« Je donnerais mon sang jusqu'à la dernière goutte, « si ce sacrifice était nécessaire, pour hâter la fin des « épreuves qui affligent le cœur de Pie IX et le nôtre. »

De la Patrie, de notre chère France, pas un mot !

Notre avis est que M. le cardinal ne mettrait pas volontiers en péril sa précieuse personne pour le salut de la France *républicaine !*

A Châtellerault, trois ecclésiastiques groupés sur le passage du « Maréchal, » criaient sans vergogne : — *Vive Henri V !*

Quel vote ces messieurs comptaient-ils donc déposer dans l'urne électorale ?

Ce serait pur idiotisme de ne pas reconnaître que ces gens-là sont des ennemis de la République.

Pourtant, elle n'a point encore répudié ces étranges

citoyens... et elle les paie... et, sans pudeur, ils acceptent son salaire !

Je plaindrais fort le Soldat qui s'oublierait à ce point de témoigner de la sorte ses aspirations politiques. La répression ne se ferait pas attendre, dure, implacable.

Il est vrai que les militaires ne sont ni citoyens, ni électeurs.

MM. les ecclésiastiques, de même que les Jésuites, leurs congénères, font toujours grand bruit de leur dévouement sans bornes à la France. Ils écrivent dans leurs journaux qu'elle ne trouvera son salut que sous leur bannière. A les en croire, il faut être cuirassé de scapulaires et de médailles pour soutenir vaillamment le feu de l'ennemi.

Un haut dignitaire du clergé proclamait devant nous, dans un salon, que la foi absolue en la divine Providence, que la dévotion pouvaient seules donner le vrai courage, que la pratique des devoirs religieux régénèrerait l'armée... etc... etc...

— Permettez, Monseigneur, avions-nous envie de lui répondre : Est-ce que nos pères terrassant l'Europe à Austerlitz s'étaient préparés à la victoire par la confession? Est-ce que nos jeunes marins, héroïques à Bazeilles, à Châtillon, au Bourget, partout, marmottaient des *oremus* en hachant les Prussiens? — Est-ce que nos braves mobiles, nos courageux gardes nationaux faisaient un signe de croix avant de recharger leur chassepot?

Non ! mais ils avaient la foi vraie, la foi saine, ceux-là, celle du patriote, et ils mouraient ne songeant qu'au salut de la France.

Allons ! Messieurs du clergé et des saintes congrégations, un peu moins d'arrogante vanité, un peu plus de charité fraternelle, et laissez-nous libres de compter un peu plus sur nous-mêmes que sur la Providence qui nous a si délibérément, si lestement abandonnés entre les griffes prussiennes.

Le général de Failly déjeûnait chez le maire de Beaumont, tandis que l'ennemi surprenait ses troupes désarmées; avec vos généraux ultramontains, nous serions pris entre deux litanies ou à la messe.

Mais, puisque la foi et la tonsure inspirent tant de valeur et d'ardent courage, pourquoi Jésuites, Séminaristes, Moines et Abbés, n'avez-vous pas quitté en foule vos retraites sacrées et n'avez-vous pas mis sac au dos à cette date néfaste 1870-71? *La Patrie était en danger cependant!*... Et vous vous dites citoyens!

Vos nombreuses phalanges eussent été certes bien reçues, même en soutanes.

Nous estimons, nous, que le gouvernement de la Défense nationale eût sagement fait de mettre un mousquet au bras de tous ces robustes hommes qui ont assisté, — de loin, — sauf de rares exceptions, au déchirement de notre malheureuse Patrie, se contentant de prier au pied des autels pour sa délivrance.

Priaient-ils aussi pour M. Gambetta, lorsque ce citoyen héroïque risqua sa vie dans des circonstances inoubliables, passant en ballon sur les lignes prussiennes, au milieu des balles, afin de ramener des secours à Paris?

Cela est peu probable. La majorité d'entre eux songeait bien plutôt aux conséquences politiques du terrible drame et à en tirer parti, au profit du Vatican, l'heure favorable venue.

Aujourd'hui, cette heure, si ardemment souhaitée dans l'ombre, leur paraît arrivée. Obéissant au même mot d'ordre, venue de Saint-Pierre de Rome, les congréganistes préparent de nouveau leurs bulletins de vote dont ils espèrent faire un bûcher pour y brûler plus tard la République, tandis que nos Soldats, qui ont versé leur sang pour elle sur tant de champs de bataille, assistent impuissants et tristes aux préparatifs du monstrueux *auto-da-fé*.

D'excellents esprits pensent que les votes de l'armée seraient un contre-poids utile à ceux des congréganistes.

La question vaut la peine d'être sérieusement étudiée.

Nous n'en déciderons point. Mais, nous le répéterons : il y a une injustice énorme à effacer de nos lois politiques celle qui fait des électeurs du Prêtre, du *frère ignorantin*, et contraint nos fils à étouffer pendant cinq années leur voix de citoyens.

Pas de droits sans devoirs !

Pas de devoirs sans droits !

Selon notre humble avis, tous les vrais patriotes sont tenus d'insister pour que nos représentants poursuivent, sans relâche, l'obtention du véritable équilibre social : l'égalité de tous devant la loi, parité entre le Soldat et le Prêtre.

Chers concitoyens, il y a quelques jours, les cohortes noires de l'Ultramontanisme nous ont suivi aux urnes électorales ; malgré leurs menées odieuses, le verdict du peuple français a prononcé la condamnation suprême de l'Empire et de la Royauté ; une fois de plus, la République, *l'Immortelle*, a écrasé les ennemis de la Patrie ;

mais, le 4 novembre prochain, nous allons rentrer dans les salles de vote, et, cette fois, il s'agit d'un vote non moins important que celui du 14 octobre ; il s'agit de décider si le Sénat conservera le pouvoir de mettre, à sa volonté, de nouveau la France en péril.

La France serait en péril si le Sénat demeurait réactionnaire. Nous pouvons sauver la Patrie par notre union, par notre patriotisme, en faisant de nos votes un rampart à la République, notre unique sauvegarde à tous.

Éclairés par les leçons du passé, si triste, gardons-nous bien contre les fallacieuses promesses des candidats de Rome, des Ultramontains. Leur victoire, ce serait la guerre contre l'Europe entière peut-être ; le triomphe de la République, c'est la paix.

Combattons sans trève, sans défaillance, ces hommes dont les visées n'ont qu'eux-mêmes pour objectif. Démasquons leurs agissements partout et toujours. Le salut de la France, son existence, sont l'enjeu de la grosse partie qu'ils ont traîtreusement engagée. Ne laissons pas tomber notre chère Patrie, tant éprouvée, aux mains des sectaires du Vatican.

Être ou ne plus être, — *to be or not to be,* — voilà le dévouement.

Voyez l'Italie ! Ce glorieux pays n'a repris son rang en Europe qu'à compter du jour où il a su vaillamment se débarrasser du joug de la Papauté. Imitons ce noble exemple, et, pacifiquement, sachons secouer loin de nous ces influences malsaines qui enrayent la prospérité nationale.

Il y a trois siècles, l'Espagne pesait dans le monde d'un poids si lourd que toutes les puissances s'inclinaient devant elle. Qu'en ont fait les moines et son clergé ? — L'histoire est là pour en témoigner.

Citoyens, si nous descendions la pente où l'on a voulu, où l'on veut encore nous entraîner, la France de demain serait l'Espagne d'aujourd'hui.

Nous pouvons éviter cet effroyable désastre par nos votes patriotiques et sincèrement républicains.

Nous devons combattre jusqu'au bout, — nous aussi, jusqu'au jour où nous aurons l'instruction laïque, obligatoire, gratuite; jusqu'à l'heure où la séparation de l'Église et de l'État aura été décrétée, où l'assimilation du Prêtre à tout autre citoyen sera complète. Exigeons de nos mandataires l'engagement formel qu'ils ne cesseront de poursuivre l'obtention de ces justes revendications.

Citoyens, que tous ceux qui ont vraiment à cœur la souveraineté du peuple, sa dignité, la conservation de l'ordre et de la paix sociale, se groupent autour de notre vaillante République, salut de la Patrie! Qu'ils repoussent tout candidat qui, de près ou de loin, touche au parti clérical! Refusons-nous à toute solidarité avec des hommes dont les ambitions ont tant de fois déversé la désolation et la honte sur la France.

Que la France républicaine soit *la fille de ses propres œuvres!* — Cela vaudra mieux pour elle et sera plus glorieux que d'être la *fille aînée de l'Église.* »

Ed. HOUDAYER.

Périgueux. — Imprimerie Charles RASTOUIL, rue Taillefer, 31.

9 782329 639062